No temas

ORACIONES Y PROMESAS
PARA
Momentos difíciles

BroadStreet
● ● ● E S P A Ñ O L

Índice

Introducción

Todo el mundo experimenta épocas difíciles en la vida. Pérdida, dolor, ansiedad, enfermedad y frustración pueden conducir al desánimo y a veces a un sentimiento de desesperanza.

No temas: Oraciones y promesas para momentos difíciles es una colección temáticamente ordenada que te guiará por temas de seguridad, compasión, inspiración, propósito, y muchos más. Versículos alentadores, oraciones de lo más profundo del corazón y preguntas que provocan la reflexión te darán la oportunidad de pensar con mayor profundidad en la esperanza que se encuentra en la Palabra de Dios.

Al estar conectada a Dios y creyendo en sus promesas, puedes vivir una vida bendecida y plena. No hay lugar para el temor en la paz y quietud de su presencia. Recibe consuelo sabiendo que Él se interesa profundamente por ti y que siempre estará contigo.

Abandono

El Señor mismo marchará al frente de ti y estará contigo;
nunca te dejará ni te abandonará.

Deuteronomio 31:8 nvi

Porque el Señor ama la justicia y la rectitud.
Nunca abandonará a su pueblo. Ellos serán
eternamente guardados a salvo.

Salmos 37:28 nbv

Pues Dios ha dicho: «Nunca te fallaré.
Jamás te abandonaré».
Así que podemos decir con toda confianza:
«El Señor es quien me ayuda, por tanto, no temeré.
¿Qué me puede hacer un simple mortal?».

Hebreos 13:5-6 ntv

No los abandonaré como a huérfanos;
vendré a ustedes.

Juan 14:18 ntv

Dios, tú dices una y otra vez en tu Palabra que no me dejarás.
Dame ojos para verte cuando me sienta sola. Permite que
mi corazón sienta tu cercanía cuando clamo a ti. Tú nunca
te alejas de aquellos que te necesitan, ¡y cuánto te necesito
en este momento! Me aferraré a la verdad de que tu ayuda
siempre presente está a la mano, en especial cuando he
llegado al límite. En este día, que el consuelo de tu presencia
disipe todo temor y me guíe hacia el amor.

¿Realmente crees que Dios
nunca te abandonará?

Aceptación

Sin embargo, los que el Padre me ha dado vendrán a mí,
y jamás los rechazaré.

<small>Juan 6:37 ntv</small>

Yo soy el Señor, y veo más allá de lo que el hombre ve.
El hombre mira lo que está delante de sus ojos,
pero yo miro el corazón.

<small>1 Samuel 16:7 rvc</small>

Si Dios está por nosotros, ¿quién estará contra nosotros?

<small>Romanos 8:31 lbla</small>

Dios nos escogió en Cristo
desde antes de la creación del mundo,
para que fuéramos santos y sin defecto
en su presencia.

<small>Efesios 1:4 dhh</small>

Padre, en ocasiones, cuando las personas actúan mal hacia mí, batallo para perdonarlas y dejar pasar la ofensa. Sé que no tienes en cuenta mis pecados, sino que me recibes en mi quebranto. Por favor, dame la gracia de aceptar de igual manera las imperfecciones de los demás y tratarlos como tú me has tratado a mí. Recuérdame, Señor, el increíble precio que pagaste por mí y también por ellos.

¿Cómo te ayuda el hecho de que Dios
te acepte y a su vez puedas aceptar
a los demás?

Alabanza

Canten al Señor un cántico nuevo,
ustedes, que descienden al mar y todo lo que hay en él;
canten su alabanza desde los confines de la tierra,
ustedes, costas lejanas y sus habitantes.

Isaías 42:10 nvi

Alaben al Señor desde los cielos,
alábenlo en las alturas. Alábenlo todos sus ángeles,
alábenlo todos sus ejércitos. Alábenlo el sol y la luna,
alábenlo todas las estrellas que brillan.
Alábenlo los altísimos cielos
y las aguas que están sobre los cielos.
Alaben el nombre del Señor,
porque él dio una orden y todo fue creado.

Salmos 148:1-5 pdt

Pero ustedes son descendencia escogida,
sacerdocio regio,

nación santa, pueblo que pertenece a Dios,
para que proclamen
las obras maravillosas de aquel que los llamó
de las tinieblas a su luz admirable.

1 Pedro 2:9 nvi

*Dios, te alabo por cuán maravilloso y poderoso eres. Me
creaste a tu imagen y salvaste mi vida del abismo de la
muerte. Eres digno de toda alabanza, y nunca dejaré de
asombrarme por todas las cosas gloriosas que has hecho.
No haré de mi vida algo centrado en mí, porque eso es una
existencia vacía. Tú me das propósito y plenitud, y te alabaré
por ello hoy y todos los días. Gracias por la oportunidad de
acercarme a ti en adoración, porque para eso fui creada.*

¿Por cuál razón específica puedes alabar a Dios hoy?

Alivio

Yo soy el Alfa y la Omega, el Principio y el Fin.
A todo el que tenga sed, yo le daré a beber gratuitamente
de los manantiales del agua de la vida.

APOCALIPSIS 21:6 NTV

Oré al SEÑOR, y él me respondió;
me libró de todos mis temores.
Los que buscan su ayuda estarán radiantes de alegría.

SALMOS 34:4-5 NTV

Humíllense, pues, bajo la poderosa mano de Dios,
para que él los enaltezca a su debido tiempo.

1 PEDRO 5:6 DHH

Así mismo, en nuestra debilidad
el Espíritu acude a ayudarnos.
No sabemos qué pedir, pero el Espíritu mismo
intercede por nosotros con gemidos
que no pueden expresarse con palabras.

Y Dios, que examina los corazones, sabe cuál es la intención
del Espíritu, porque el Espíritu intercede por los creyentes
conforme a la voluntad de Dios.

ROMANOS 8:26-27 NVI

*Dios, mi alma está muy ansiosa por las cargas que elijo
llevar, pero tú me ofreces descanso y alivio. Déjame aprender
de ti, Señor, y tomar tu yugo porque eres manso y humilde.
Respondes a mis oraciones, me liberas del miedo y me llenas
de gozo. Tu alivio es como un manantial fresco que levanta
mi espíritu y calma mi mente ansiosa.*

¿Qué alivio necesitas de Dios
en tu situación actual?

Amistad

El amigo siempre lo estima a uno;
en tiempos difíciles es como un hermano.

Proverbios 17:17 pdt

Hay quienes parecen amigos, pero se destruyen unos a otros;
el amigo verdadero se mantiene más leal que un hermano.

Proverbios 18:24 ntv

Nadie tiene amor más grande que el que da la vida
por sus amigos. Ustedes son mis amigos si hacen lo que yo
les mando…los he llamado amigos,
porque todo lo que a mi Padre
le oí decir se lo he dado a conocer a ustedes.

Juan 15:13-15 nvi

Así que en todo traten ustedes a los demás tal y como quieren
que ellos los traten a ustedes.

Mateo 7:12 nvi

No hay nada que no harías por tus amigos, Señor. Tú modelaste lo que es una verdadera amistad y luego me enseñaste amorosamente a hacer lo mismo. La amistad real y desinteresada no es fácil, pero tengo tu ejemplo para seguirlo. Gracias por los amigos que me has dado y el amor que me han mostrado. Gracias por aquellos que todavía están conmigo en los tiempos difíciles. Gracias por las personas en mi vida que no solo me dicen lo que quiero oír, sino que me animan a seguir acercándome a ti.

¿Qué amigos te inspiran
en tu relación con Dios?

Amor

Tres cosas durarán para siempre:
la fe, la esperanza y el amor;
y la mayor de las tres es el amor.

1 Corintios 13:13 ntv

Tú, Señor, eres bueno y perdonador;
tu gran amor se derrama sobre todos los que te invocan.

Salmos 86:5 nvi

En el amor no hay temor, sino que el perfecto amor
echa fuera el temor, porque el temor involucra castigo,
y el que teme no es hecho perfecto en el amor.

1 Juan 4:18 nbla

Sácianos por la mañana con Tu misericordia,
Y cantaremos con gozo y nos alegraremos
todos nuestros días.

Salmos 90:14 nbla

Que nunca te abandonen el amor y la verdad:
llévalos siempre alrededor de tu cuello
y escríbelos en la tabla de tu corazón.

PROVERBIOS 3:3 NVI

*¡Tu amor, Señor, es eterno! Es superior a la fe, la esperanza,
e incluso a las lenguas de los hombres y los ángeles. Llena
mi corazón con tu amor cada mañana para que pueda pasar
cada día alabándote y amando a los demás. Tu amor me
da fuerzas, pone alegría en mi corazón y ahoga mis temores.
Quiero compartirlo con todos los que conozco, especialmente
cuando estén atravesando dificultades. Ayúdame a amar
como tú amas.*

¿Cómo te ayuda el amor de Dios
en tu vida para amar a los demás?

Ánimo

El Señor tu Dios está en medio de ti.
Él es un guerrero que da la victoria;
con regocijo demostrará su alegría por ti.
Tendrá un nuevo amor por ti.
Festejará por ti con cantos alegres.

SOFONÍAS 3:17 PDT

Más bien, mientras dure ese «hoy»,
anímense unos a otros cada día.

HEBREOS 3:13 NVI

Las palabras amables son como la miel:
dulces al alma y saludables para el cuerpo.

PROVERBIOS 16:24 NTV

Estén alegres. Crezcan hasta alcanzar la madurez.
Anímense unos a otros. Vivan en paz y armonía.
Entonces el Dios de amor y paz estará con ustedes.

2 CORINTIOS 13:11 NTV

Dios, tú nos dijiste que cuando nos reunimos en tu nombre, estás con nosotros. Dijiste que cuando nos animamos mutuamente y vivimos en armonía, estarás allí. ¡Eres un Dios de paz, amor y alegría! Muéstrame hoy maneras de extender esa paz, amor y alegría a los demás y ser un aliento para ellos. Esto, me dices, refrescará mi alma y traerá salud a mi cuerpo. La forma en que me creaste para necesitar a los demás, especialmente en tiempos difíciles, está magistralmente diseñada. Gracias por el ánimo que me das a través de otros.

¿Cómo puedes animar a alguien hoy?

Ansiedad

Pero, Señor, tú eres mi escudo, mi gloria,
tú mantienes en alto mi cabeza.
Luego me acosté y dormí en paz, y desperté a salvo,
porque el Señor velaba por mí.
Y ahora, aunque diez mil adversarios
me tengan cercado, no tengo miedo.

Salmos 3:3, 5-6 NBV

No dejen que el corazón se les llene de angustia;
confíen en Dios y confíen también en mí.

Juan 14:1 NTV

Dejen en las manos de Dios todas sus preocupaciones,
porque él cuida de ustedes.

1 Pedro 5:7 NBV

En mi angustia invoqué al Señor,
y él me respondió.

Salmos 120:1 NVI

Señor, tú conoces mi corazón y cada uno de mis pensamientos. Sabes cuándo me siento y cuándo me levanto. Conoces mi pasado y mi futuro. No hay misterios para ti. Cuando las dudas y los miedos amenazan con abrumar mi mente y mi cuerpo, sé tú la paz que calma la tormenta. Recordaré quién eres: Defensor, Salvador, el Buen Pastor. Tú eres mi esperanza. Confiaré en ti, incluso cuando elegirlo me cueste todo lo que tengo por dentro. Recordaré que, aunque no pueda ver la salida, tú lo ves todo con claridad y nunca te sientes abrumado. Confío en ti, Dios.

¿Qué pasos puedes dar para estar menos ansiosa y confiar más?

Apoyo

¿A quién tengo en el cielo sino a ti?
Si estoy contigo, ya nada quiero en la tierra.
Podrán desfallecer mi cuerpo y mi corazón, pero Dios es
la roca de mi corazón; él es mi herencia eterna.

SALMOS 73:22-26 NVI

Cercano está el SEÑOR a los quebrantados de corazón,
y salva a los abatidos de espíritu.

SALMOS 34:18 NBLA

Pero tú ves la maldad y la aflicción,
las tomas en cuenta y te harás cargo de ellas.
Las víctimas se encomiendan a ti;
tú eres la ayuda de los huérfanos.

SALMOS 10:14 NVI

¡Tú eres mi refugio!
¡Tú me libras de la angustia!
¡Tú me rodeas con cánticos de libertad!

SALMOS 32:7 RVC

A veces mi dolor se vuelve demasiado difícil de soportar, y también demasiado para que otros lo soporten. Siento que el peso de ello me aplastará. Esos son los momentos en los que tú intervienes. Tu Palabra dice que estás cerca de los quebrantados de corazón, que ves a los afligidos, que eres el ayudador de los huérfanos y que nunca olvidarás a los necesitados. Tú no estás abrumado ni desinteresado en mi angustia. ¡De hecho, es allí donde habitas! Mis problemas no son demasiado grandes para ti. Has tomado mi dolor en tus manos y me has ofrecido un refugio en ti. Me has dado esperanza.

¿Cuándo te sientes más apoyada por Dios?

Audacia

Predicaba el reino de Dios y enseñaba
acerca del Señor Jesucristo sin impedimento
y sin temor alguno.

HECHOS 28:31 NVI

Sí, aunque un poderoso ejército marche contra mí,
mi corazón no abrigará temor.
Aunque ellos me ataquen, confío en Dios.

SALMOS 27:3 NBV

El malvado huye aunque nadie lo persiga;
pero el justo vive confiado como un león.

PROVERBIOS 28:1 NVI

Cuando oro me respondes y me animas
dándome la fuerza que necesito.

SALMOS 138:3 NBV

Así que acerquémonos con toda confianza
al trono de la gracia de nuestro Dios.
Allí recibiremos su misericordia y encontraremos
la gracia que nos ayudará cuando más la necesitemos.

HEBREOS 4:16 NTV

*Señor, en medio de luchas e incertidumbre, dame audacia
para poder hablar la verdad en los momentos que importan.
Mis inseguridades pueden causar que una timidez
paralizante me domine, así que ayúdame a ver más allá de
mí misma y recordar que mi valentía y audacia provienen
de la seguridad que tengo en ti. Ayúdame a no sentirme
intimidada por aquellos que son más fuertes o inteligentes,
porque tú eres más poderoso y sabio que nadie. Es en tu
nombre y no en el mío que me levanto y hablo.*

¿Por qué a veces es difícil ser audaz y valiente?

Autenticidad

Porque los que se creen más importantes que los demás
serán tratados como los menos importantes. Y los que
se comportan como los menos importantes serán tratados
como los más importantes.

Mateo 23:12 tla

Por eso, hermanos míos, ya que Dios
es tan bueno con ustedes,
les ruego que dediquen toda su vida a servirle y a hacer
todo lo que a él le agrada. Así es como se le debe adorar.
Y no vivan ya como vive todo el mundo. Al contrario,
cambien de manera de ser y de pensar. Así podrán saber
qué es lo que Dios quiere, es decir, todo lo que es
bueno, agradable y perfecto.

Romanos 12:1-2 tla

Pero llega la hora, y es ahora mismo, cuando los que
de veras adoran al Padre lo harán de un modo verdadero,
conforme al Espíritu de Dios.
Pues el Padre quiere que así lo hagan

los que lo adoran. Dios es Espíritu, y los que lo adoran
deben hacerlo de un modo verdadero,
conforme al Espíritu de Dios.

JUAN 4:23-24 DHH

Dios, soy dolorosamente consciente del desbalance en nuestra relación. Ha habido innumerables ocasiones en las que te fui infiel y aun así tú permaneciste a mi lado. No pretendo ser merecedora de tu amor y lealtad, pero los acepto con gratitud. No te impresionan las actitudes religiosas altaneras, como podría engañarme a mí misma imaginando. Lo que me pides de mí es adoración de un corazón contrito, honestamente consciente de mi necesidad de ti. Así es como me presentaré ante ti hoy.

¿Cómo te ves a ti misma?
¿Cómo crees que Dios te ve?

Belleza

Procuren más bien la belleza pura, la que viene
de lo íntimo del corazón y que consiste
en un espíritu afectuoso y tranquilo.
Esta es la que tiene valor delante de Dios.

1 Pedro 3:4 nbv

Hijo mío, sé prudente y no pierdas de vista la discreción,
porque ellas te llenarán de vida y te adornarán
como un collar. Podrás andar seguro en esta vida,
sin problemas ni tropiezos.

Proverbios 3:21-23 nbv

Se reviste de fuerza y dignidad
y afronta segura el porvenir.

Proverbios 31:25 nvi

¡Gracias por haberme hecho tan admirable!
Es admirable pensar en ello. Maravillosa es la obra
de tus manos, y eso lo sé muy bien.

Salmos 139:14 nbv

Señor, cuando veo la abundancia de diversidad en el mundo que me rodea, recuerdo que la belleza adopta muchas formas. Cuando me creaste, lo hiciste intencionalmente. Gracias porque me hiciste única y porque la belleza es mucho más que superficial. Permite que la belleza crezca primero en mi corazón, derramándose en el resto de mi ser. La sabiduría y el buen sentido me hacen hermosa para ti, y me mantienen a salvo de los problemas del mundo. Ayúdame a vestirme también con fuerza y honor, para no tener que preocuparme por lo que pueda llegar en esta vida. Tú eres mi confianza.

¿En qué ha cambiado tu percepción de la belleza después de leer estos versículos?

Bendición

Porque tú, Señor, bendices al justo;
cual escudo lo rodeas con tu buena voluntad.

Salmos 5:12 NVI

Has hecho de él manantial de bendiciones continuas;
tu presencia lo ha llenado de alegría.

Salmos 21:6 NVI

«Pero aún más bendito es todo el que escucha la palabra
de Dios y la pone en práctica».

Lucas 11:28 NTV

Bendito sea Dios, Padre de nuestro Señor Jesucristo,
que nos ha bendecido en las regiones celestiales
con toda bendición espiritual en Cristo.
Dios nos escogió en él antes de la creación del mundo,
para que vivamos en santidad y sin mancha delante de él.

Efesios 1:3-4 NVI

*Incluso en medio de las dificultades y épocas de adversidad,
Padre, dondequiera que mire veo tus bendiciones. Algunas
de ellas parecen increíbles, mientras que otras me he
acostumbrado a percibirlas como algo común. El sol sale
cada mañana y lo doy por hecho; sin embargo, es uno de
tus maravillosos milagros. Por favor, dame ojos nuevos para
reconocer las innumerables bendiciones que me rodean, para
que siempre me asombre de ti y nunca dude de tu provisión
y protección.*

¿Cuáles de las bendiciones de Dios
vienen a tu mente hoy?

Bondad

Porque todo lo que Dios ha creado es bueno y nada es despreciable si se recibe con acción de gracias.

1 Timoteo 4:4 nvi

Prueben y vean que el Señor es bueno;
¡qué alegría para los que se refugian en él!

Salmos 34:8 ntv

Pero de una cosa estoy seguro: he de ver
la bondad del Señor en esta tierra de los vivientes.

Salmos 27:13 nvi

Siempre se recordará tu asombroso poder;
yo les contaré de tu grandeza. Se recordará tu bondad
y se cantarán canciones que hablen de tu generosidad.

Salmos 145:6-7 pdt

¿Cómo puedo comenzar a comprender tu bondad, Dios?
Dondequiera que miro, veo tu mano en acción en mi vida.
Eres mi Creador, Salvador y Sustentador. Proporcionas un
refugio para que esté a salvo. Ofreces perdón por el pecado
a través de tu sacrificio, para que pueda acercarme a ti con
pureza. Me diseñaste para un reino eterno mientras sigues
proveyendo para todas mis necesidades terrenales. Apenas
si comienzo a reconocer las maneras en que tu bondad
ha transformado mi vida. Ayúdame a estar consciente
de tu bondad en medio de los tiempos de prueba. Quiero
seguir viviendo con un corazón agradecido a pesar de mis
circunstancias.

¿Dónde ves la bondad de Dios
en tu vida?

Cambio

Les voy a revelar ahora un secreto:
No todos moriremos, pero todos
seremos transformados.

1 Corintios 15:51 NBV

Él tomará nuestro débil cuerpo mortal y lo transformará
en un cuerpo glorioso, igual al de él.
Lo hará valiéndose del mismo
poder con el que pondrá todas las cosas bajo su dominio.

Filipenses 3:21 NTV

Jesucristo es el mismo ayer, hoy y por siempre.

Hebreos 13:8 NVI

Él está de mi parte, no tendré miedo.
¿Qué podrá hacerme un simple mortal?

Salmos 118:6 NBV

Señor, cuando el cambio amenace con abrumarme, ayúdame a recordar que el cambio trae consigo la esperanza de cosas mejores por llegar. Cuando siento que el suelo se desmorona bajo mis pies y no sé cómo será mi futuro, sé que puedo confiar en ti. Tú permaneces igual para siempre, y no hay misterios para ti. Ves y conoces cada paso de mi camino. Tú conoces el final desde el principio y nada te sorprende. Confío en ti, el inmutable.

¿Cómo manejas el cambio?

Certeza

Al que puede hacer muchísimo más que todo
lo que podamos imaginarnos o pedir,
por el poder que obra eficazmente en nosotros,
¡a él sea la gloria…por los siglos de los siglos! Amén.

Efesios 3:20-21 nvi

Pues todas las promesas de Dios se cumplieron
en Cristo con un resonante «¡sí!».

2 Corintios 1:20 ntv

En paz me acostaré y dormiré porque sólo tú, Señor,
me haces vivir seguro.

Salmos 4:8 nbv

Les he escrito estas cosas a ustedes, los que creen
en el nombre del Hijo de Dios, para que sepan
que tienen vida eterna.

1 Juan 5:13 rvc

Dios, cuando todas las preocupaciones de la vida diaria
me envuelven, comienzo a sentirme abrumada y ansiosa.
Cuando cambio mi enfoque y uso tu Palabra para iluminar
mi camino, mi visión se aclara y mi perspectiva se ajusta
correctamente. No deseo usar esto como una razón para evitar
los problemas de la vida, pero me aferro a la seguridad de
que estás conmigo mientras los atravieso, en cada paso del
camino, pase lo que pase.

¿Cómo creer en las promesas de Dios te hace sentir con mayor certeza?

Compasión

Cuando estoy con los que son débiles, me hago débil
con ellos, porque deseo llevar a los débiles a Cristo. Sí,
con todos trato de encontrar algo que tengamos en común,
y hago todo lo posible para salvar a algunos.

1 Corintios 9:22 ntv

Ten piedad de mí, oh Dios, conforme a tu gran amor;
conforme a tu misericordia, borra mis transgresiones.

Salmos 51:1 nvi

Bendito sea el Dios y Padre de nuestro Señor Jesucristo,
Padre misericordioso y Dios de toda consolación.

2 Corintios 1:3 nvi

El Señor oye a los suyos cuando claman a él por ayuda;
los rescata de todas sus dificultades.

Salmos 34:17 ntv

*Padre, tú ves mi sufrimiento y mi abatimiento, y tienes
compasión de mí. Intervienes en mi favor, me perdonas
y me renuevas. Me pides que extienda la misma gracia a
los demás. Que la compasión desbordante que he recibido
se derrame sobre los demás. La comprensión de tu amor
hacia mí alimentará mi gracia hacia aquellos que, a
veces, pueden ser difíciles de amar. Ellos necesitan tanta
compasión como yo.*

¿Cómo puedes ser una persona más compasiva?

Compostura

¡Miren! ¡Dios ha acudido a salvarme!
Estaré confiado y no temeré.

Isaías 12:2 NBV

Cuando te acuestes, podrás dormir tranquilo
y sin preocupaciones. No sufrirás las desgracias que caen
sobre los malvados. Dios siempre estará a tu lado
y nada te hará caer.

Proverbios 3:24-26 TLA

Entrégale tus cargas al Señor, y él cuidará de ti.

Salmos 55:22 NTV

Los que ocupan su mente en las cosas del Espíritu
tienen vida y paz; pero el ocuparse de las cosas
de la naturaleza pecaminosa produce muerte.

Romanos 8:6 NBV

Hazme como un árbol con raíces profundas, Dios. Cuando las preocupaciones del mundo me abrumen, ayúdame a mantener la compostura al estar arraigada firmemente en ti. Nada puede sacudirme cuando tú estás conmigo. Tu Palabra promete que, si te entrego a ti mis cargas, tú cuidarás de mí, así que hoy elijo hacerlo.

¿Cómo puedes mantenerte firme cuando sientes que tu mundo se está desmoronando a tu alrededor?

Confianza

Que los que conocen al SEÑOR confíen en él,
porque Dios nunca abandona a los que buscan su ayuda.

SALMOS 9:10 PDT

Pero yo, SEÑOR, en ti confío, y digo: «Tú eres mi Dios».
Mi vida entera está en tus manos;
líbrame de mis enemigos y perseguidores.

SALMOS 31:14-15 NVI

Así es, el SEÑOR está de mi parte; él me ayudará.
Miraré triunfante a los que me odian.
Es mejor refugiarse en el SEÑOR
que confiar en la gente.

SALMOS 118:7-8 NTV

Deléitate en el SEÑOR, y él te concederá los deseos
de tu corazón. Entrega al SEÑOR todo lo que haces;
confía en él, y él te ayudará.

SALMOS 37:4-5 NTV

Mi confianza en ti, Señor, está arraigada en tu bondad y fidelidad demostradas a lo largo de toda la historia. Nunca en todo el tiempo ha habido un testimonio más digno de confianza. No tenías que probarte ante mí, pero lo hiciste y continúas haciéndolo. Cada vez que te llamo, tú respondes. Cuando enfrento problemas, me ayudas a sobrellevarlos. En los momentos en que me pides que dé un paso de fe y confíe en ti, me encuentro protegida por ti en todo el camino. Sé que puedo confiar en ti con seguridad.

¿Cómo sabes que Dios es digno
de confianza?

Consolación

Pero, Señor, tú eres mi escudo, mi gloria,
tú mantienes en alto mi cabeza.

<small>Salmos 3:3 NBV</small>

Bendito sea el Señor porque ha escuchado mi clamor.
Él es mi fuerza, el escudo que me protege de todo peligro.
En él confié y él me ayudó. En mi corazón hay tanto gozo
que prorrumpo en un cántico de alabanza a él.

<small>Salmos 28:6-7 NBV</small>

Efectivamente él nos rescató del peligro mortal
y volverá a hacerlo de nuevo.
Hemos depositado nuestra confianza
en Dios, y él seguirá rescatándonos.

<small>2 Corintios 1:10 NTV</small>

La persona íntegra enfrenta muchas dificultades,
pero el Señor llega al rescate en cada ocasión.

<small>Salmos 34:19 NTV</small>

En los momentos más oscuros, cuando las palabras ya no consuelan, tu paz me calma y me anima. Tu consolación puede llevarme a través de los peores momentos cuando todo lo demás falla. Gracias por ser mi fuerza y mi escudo, Dios.

¿Cómo sientes que has sido consolada por Dios en tus momentos de dolor?

Consuelo

¡Aquí, entre los seres humanos, está el santuario de Dios!
Él habitará en medio de ellos...
Él enjugará toda lágrima de los ojos.
Ya no habrá muerte ni llanto, tampoco lamento ni dolor.

<small>Apocalipsis 21:3-4 nvi</small>

Que nuestro Señor Jesucristo mismo y Dios nuestro Padre,
quien nos amó y por su gracia nos dio consuelo eterno
y una esperanza maravillosa, los conforten y fortalezcan
en todo lo bueno que ustedes hagan y digan.

<small>2 Tesalonicenses 2:16-17 ntv</small>

Si el Señor no me hubiera ayudado,
pronto me habría quedado
en el silencio de la tumba. Clamé: «¡Me resbalo!»,
pero tu amor inagotable, oh Señor, me sostuvo.
Cuando mi mente se llenó de dudas,
tu consuelo renovó mi esperanza y mi alegría.

<small>Salmos 94:16-17 ntv</small>

A todos los que guardan luto en Israel les dará:
belleza en vez de cenizas, júbilo en vez de llanto,
y alabanza en vez de abatimiento.

Isaías 61:3 NBV

*Las comodidades mundanas son a veces muy tentadoras;
sin embargo, cuando se requiere consuelo verdadero no hay
sustituto para la serena calma que tu Espíritu Santo produce
en mi alma. Intento compararlo con el viento y las olas, pero
no hay modo de explicarlo, Dios, solo se puede experimentar.
Lo siento en los peores momentos de mi vida cuando susurras
a mi corazón: «Todo estará bien, mi hija, te tengo».*

¿Sientes hoy la presencia reconfortante de Dios?

Contentamiento

Pues él no se acordará mucho de los días de su vida,
porque Dios lo mantiene ocupado con alegría en su corazón.

ECLESIASTÉS 5:20 LBLA

Sé lo que es vivir en la pobreza y lo que es vivir
en la abundancia.
He aprendido a vivir en todas y cada una
de las circunstancias, tanto a quedar saciado
como a pasar hambre, a tener de sobra
como a sufrir escasez. Todo lo puedo en Cristo
que me fortalece.

FILIPENSES 4:12-13 NVI

Volverán los rescatados del SEÑOR y entrarán en Sión
con cantos de júbilo; su corona será el gozo eterno.
Se llenarán de regocijo y alegría,
y se apartarán de ellos el dolor y los quejidos.

ISAÍAS 35:10 NVI

Dios, entiendo que el propósito de esta temporada no es solo hacer la transición a la siguiente. A pesar de lo que llegue o de lo que esté apuntando, tú tienes un propósito para hoy. Tienes lecciones que quieres enseñarme y bendiciones que quieres darme ahora. Por favor, ayúdame a crecer en contentamiento y apreciar lo que ya has hecho en mi vida, en especial cuando es difícil ver lo que estás haciendo en este momento.

¿Cómo puedes elegir tener
contentamiento con tu vida
tal como es ahora?

Convicción

Pues todo lo puedo hacer por medio de Cristo,
quien me da las fuerzas.

<small>FILIPENSES 4:13 NTV</small>

Sé tú mi roca de refugio adonde pueda yo siempre acudir;
da la orden de salvarme, porque tú eres mi roca
y mi fortaleza…
Tú, Soberano SEÑOR, has sido mi esperanza;
en ti he confiado desde mi juventud.

<small>SALMOS 71:3, 5 NVI</small>

Dios hará vivir en paz a quienes le son fieles
y confían en él.

<small>ISAÍAS 26:3 TLA</small>

Así que no pierdan la valentía que tenían antes,
pues tendrán una gran recompensa.

<small>HEBREOS 10:35 PDT</small>

*Dios, tu Palabra me asegura que por medio de ti puedo
hacerlo todo; sin embargo, muy a menudo mi confianza se
tambalea. En cada desafío que he enfrentado, tú me has
guiado a través de él. Tu promesa de ser mi esperanza y mi
confianza nunca fallará. Por favor, ayúdame a recordar estos
tiempos de victoria en medio de dificultades que me hacen
sentir abrumada o insegura. Tengo confianza y convicción
sabiendo que siempre estás conmigo.*

¿Cómo está tu confianza?

Creencia

Porque tanto amó Dios al mundo que dio a su Hijo único,
para que todo el que cree en él no se pierda, sino que tenga
vida eterna. Dios no envió a su Hijo al mundo
para condenar al mundo,
sino para salvarlo por medio de él.
El que cree en él no es condenado.

<small>JUAN 3:16-18 NVI</small>

Pero a todos los que lo recibieron, a los que creen en él,
les dio el derecho de ser hijos de Dios.

<small>JUAN 1:12 NBV</small>

Cree en el Señor Jesucristo, y se salvarán tú y tu familia.

<small>HECHOS 16:31 RVC</small>

Todas las cosas son posibles para el que cree.

<small>MARCOS 9:23 LBLA</small>

Dichosos los que no vieron,

y sin embargo creyeron.

Juan 20:29 lbla

Jesús, creo que eres el Hijo de Dios. Viniste a la tierra como humano para que yo pudiera conocer cómo es realmente el Padre. Por encima de todo, me enseñaste lo que significa amar sin condiciones. Creo que sigues siendo amoroso y bueno, y puedo confiarte mi vida. Gracias por el regalo de conocerte. Oro para que mi creencia me lleve a una mayor confianza en mi relación contigo. Gracias porque estás cerca y no distante. A pesar de lo que suceda en el mundo que me rodea, creo que tú permaneces constante.

¿Cómo puedes fortalecer tu creencia en Dios?

Depresión

¿Por qué tengo que estar tan angustiado
y sufrir tanto? Confía en Dios.
Volveré alabarlo por haberme salvado.

<small>Salmos 42:11 pdt</small>

Pero Tú, oh Señor, eres escudo en derredor mío,
mi gloria, y el que levanta mi cabeza.

<small>Salmos 3:3 nbla</small>

Y que también nos ha librado del poder de la oscuridad
y nos ha trasladado al reino de su amado Hijo.

<small>Colosenses 1:13 rvc</small>

Israelitas, yo soy su Dios
y los he tomado de la mano;
no deben tener miedo,
porque cuentan con mi ayuda.

<small>Isaías 41:13 tla</small>

Padre fiel, necesito que seas quien levanta mi cabeza. Cuando la oscuridad nubla mi mente y se posa sobre mí como una niebla no deseada, sé que no puedo desear que desaparezca. Tú, Dios, eres mi libertador. Elegiré poner mi esperanza en ti sin importar lo que sienta. Por favor, haz el trabajo pesado aquí, Señor. Mientras te elijo a ti, haz lo que solo tú puedes hacer. Que la luz de tu amor brille a través de la niebla de la desesperación y la soledad, trayendo alivio y libertad. Tú eres mi única esperanza.

¿Puedes sentir el consuelo y la alegría
de Dios en medio de tu tristeza?

Entendimiento

El entendimiento es fuente de vida
para el que lo posee.

Proverbios 16:22 nbla

La enseñanza de tu palabra da luz,
de modo que hasta los simples pueden entender.

Salmos 119:130 ntv

Dame entendimiento para seguir tu Ley
y la cumpliré de todo corazón.

Salmos 119:34 nvi

La gente que ama tus enseñanzas encontrará la paz
verdadera; nada los hará tropezar.

Salmos 119:165 pdt

No actúen sin pensar, más bien procuren entender
lo que el Señor quiere que hagan.

Efesios 5:17 ntv

Dios, en lugar de actuar imprudentemente en ignorancia, ayúdame a entender. Oro para que cada día crezca en comprensión mientras leo tus enseñanzas y guardo tu Palabra en mi corazón. Muéstrame qué quieres que haga en estos momentos tan difíciles. Ayúdame a entender tu Palabra para que pueda obedecerla. No necesito ser una erudita para seguirte porque dices que incluso los simples pueden entender. Ayúdame a retener lo que he aprendido para que pueda vivir para ti y compartirlo con los demás.

¿Cómo buscas entender la voluntad
de Dios cada día?

Esperanza

Bueno es el Señor con quienes esperan en él,
con todos los que lo buscan.

Lamentaciones 3:25 nvi

Y esta esperanza no nos defrauda, porque Dios
ha derramado su amor en nuestro corazón
por el Espíritu Santo que nos ha dado.

Romanos 5:5 nvi

No, el Señor se deleita en los que le temen,
en los que ponen su esperanza en su amor inagotable.

Salmos 147:11 nvi

Así que Dios ha hecho ambas cosas:
la promesa y el juramento.
Estas dos cosas no pueden cambiar,
porque es imposible que Dios mienta.
Por lo tanto, los que hemos acudido a él en busca de refugio
podemos estar bien confiados aferrándonos
a la esperanza que está delante de nosotros.

Esta esperanza es un ancla firme
y confiable para el alma; nos conduce a través de
la cortina al santuario interior de Dios.

Hebreos 6:18-19 ntv

*Padre, puedo tener esperanza en cosas no vistas porque sé
que soy vista. Tú me ves, me escuchas y me amas. Porque eres
bueno, puedo poner mi esperanza en ti y buscarte con todo mi
corazón. Porque me has dado tu Espíritu y has derramado tu
amor sobre mí, tengo la seguridad de que mi esperanza nunca
será avergonzada. Porque tu deleite está en mí, espero todas
tus promesas y tengo confianza en ellas, porque tu amor por
mí nunca falla.*

Sabiendo que Dios siempre te escucha, ¿en qué puedes tener esperanza?

Estrés

Alaba, alma mía, al Señor;
alabe todo mi ser su santo nombre.
Alaba, alma mía, al Señor y no olvides
ninguno de sus beneficios.
Él perdona todos tus pecados y sana todas tus dolencias;
él rescata tu vida del sepulcro y te corona de gran amor
y misericordia; él te colma de bienes y tu juventud
se renueva como el águila.

Salmos 103:1-5 nvi

Pon todo lo que hagas en manos del Señor,
y tus planes tendrán éxito.

Proverbios 16:3 ntv

Cuando la presión y el estrés se me vienen encima,
yo encuentro alegría en tus mandatos.

Salmos 119:143 ntv

Tan pronto como el objetivo de mi día se centra en mí y en mis logros, el estrés se presenta. El estrés es innecesario si realmente he confiado mis planes y sus resultados a ti, Dios, porque serás tú quien permita que tengan éxito o fracaso. Puedo arar, plantar y regar todo el día, pero solo tú puedes hacer que una planta crezca. A veces pierdo la perspectiva y me enredo persiguiendo mis metas finales, y entonces sucumbo a situaciones estresantes. Ayúdame a recordar que tú produces el aumento y que puedo confiar en ti en los resultados.

¿Cuándo fue la última vez que pudiste
soltar el estrés y simplemente
centrarte en Dios?

Eternidad

En cambio, nosotros somos ciudadanos del cielo,
donde vive el Señor Jesucristo; y esperamos
con mucho anhelo
que él regrese como nuestro Salvador.

Filipenses 3:20 ntv

Y si me voy y se lo preparo,
vendré para llevármelos conmigo.
Así ustedes estarán donde yo esté.

Juan 14:3 nvi

Sucederá en un instante, en un abrir y cerrar de ojos,
cuando se toque la trompeta final.
Pues, cuando suene la trompeta,
los que hayan muerto resucitarán para vivir por siempre.
Y nosotros, los que estemos vivos,
también seremos transformados.

1 Corintios 15:52 nvi

Tu bondad y tu fiel amor estarán conmigo toda la vida;
entraré a la casa del Señor y allí me quedaré siempre.

Salmos 23:6 pdt

No vivo para esta vida sino para la esperanza de un hogar
eterno contigo. Dios, aunque quiero vivir intencionalmente
y ofrecerte alabanza aquí en la tierra, sé que fui creada para
tu reino y no simplemente para esta existencia temporal.
Mis tesoros no están aquí, están contigo. Mis esperanzas y
sueños no se desperdician en ídolos pasajeros del presente,
están enfocados en ese «abrir y cerrar de ojos» cuando
vengas por mí. Mientras estoy aquí, ayúdame a centrarme en
la esperanza de la eternidad en lugar de en las situaciones
difíciles que parecen persistir.

¿Puedes ver la eternidad con un corazón
esperanzado y feliz, confiando plenamente
en un Dios bueno?

Fe

Por medio de Cristo, han llegado a confiar en Dios.
Y han puesto su fe y su esperanza en Dios, porque él levantó
a Cristo de los muertos y le dio una gloria inmensa.

1 Pedro 1:21 ntv

Les aseguro que si tuvieran fe tan pequeña como una semilla
de mostaza, podrían decirle a esta montaña:
«Trasládate de aquí para allá»
y se trasladaría. Para ustedes nada sería imposible.

Mateo 17:20 nvi

Por lo tanto, ya que fuimos hechos justos a los ojos de Dios
por medio de la fe, tenemos paz con Dios
gracias a lo que Jesucristo
nuestro Señor hizo por nosotros. Debido a nuestra fe, Cristo
nos hizo entrar en este lugar de privilegio inmerecido
en el cual ahora permanecemos, y esperamos
con confianza y alegría participar de la gloria de Dios.

Romanos 5:1-2 ntv

Lo que importa es la fe que trabaja por medio del amor.

GÁLATAS 5:6 PDT

Ahora bien, la fe es tener confianza en lo que esperamos,
es tener certeza de lo que no vemos.

HEBREOS 11:1 NVI

*Desde el principio de los tiempos has demostrado tu fidelidad
hacia nosotros, Padre. Tu bondad nunca ha variado y tu
carácter permanece inmutable. Puedo poner mi fe en ti con
confianza, porque siempre has sido y siempre serás fiel y
verdadero. Incluso cuando los tiempos son difíciles y las
situaciones complicadas, aceptas la poca fe que puedo
ofrecerte y puedes usarla para mover montañas. Aunque no
siempre pueda ver lo que llega, sé que puedo confiar en ti.*

¿Qué te ayuda a aumentar tu fe?

Fiabilidad

Porque «todo mortal es como la hierba y toda su gloria
como la flor del campo. La hierba se seca y la flor se cae,
pero la palabra del Señor permanece para siempre».

1 Pedro 1:24-25 nvi

Todo lo bueno que hemos recibido,
todo don perfecto que viene de arriba
es de Dios, del Padre creador de los astros del cielo,
en quien nunca hay cambio ni sombra.

Santiago 1:17 pdt

Dará vida eterna a los que siguen haciendo el bien,
pues de esa manera demuestran que buscan la gloria,
el honor y la inmortalidad que Dios ofrece.

Romanos 2:7 ntv

Señor, tú estás cerca de mí, y puedo confiar
en todos tus mandamientos. Hace mucho tiempo entendí
que tus enseñanzas valen para siempre.

Salmos 119:151-152 nvi

Dios, gracias porque no cambias de opinión de un día para otro. Tu Palabra y cada una de tus intenciones son más firmes que los cimientos más sólidos de la tierra. No te enredas en mentiras porque nunca mientes. Gracias porque haces lo que dices que harás. Confío en que eres el mismo Dios que me sostuvo en mis horas más oscuras durante estos momentos difíciles. Confío en que no me dejarás a mi suerte; ningún pozo de desesperación me hundirá. Has sido un Dios que se interesa, y siempre cumplirás tus promesas. ¡Confío en ti!

¿Cómo te sientes al saber que puedes
confiar en Dios para todo?

Fidelidad

Tu firme amor, Señor, es grande como los cielos.
Tu fidelidad va más allá de las nubes.

Salmos 36:5 nbv

Pero el Señor es fiel, y él los fortalecerá
y guardará del mal.

2 Tesalonicenses 3:3 rvc

Señor, tú eres mi Dios; te exaltaré y alabaré
tu nombre porque has hecho maravillas.
Desde tiempos antiguos
tus planes son fieles y seguros.

Isaías 25:1 nvi

Porque la palabra del Señor es recta,
y toda su obra es hecha con fidelidad.

Salmos 33:4 nbla

Tu fidelidad es lo que me ha establecido. A veces, puedo distraerme tanto con mis problemas y preocupaciones que no me doy cuenta de cuán lejos me has llevado ya. Me has protegido del mal, me liberaste de mi pecado, me ungiste como tu heredera y has reservado para mí un lugar en el cielo contigo. Siempre has sido fiel a tus promesas, y me sostengo en ellas ahora en estos tiempos difíciles.

¿Cómo has visto la fidelidad de Dios
manifestada en tu vida?

Fortaleza

Dios es nuestro refugio y nuestra fortaleza,
nuestra segura ayuda en momentos de angustia.

<small>Salmos 46:1-3 nvi</small>

Pero el Señor es fiel, y él los fortalecerá
y los protegerá del maligno.

<small>2 Tesalonicenses 3:3 nvi</small>

No tengas miedo, porque yo estoy contigo;
no te desalientes, porque yo soy tu Dios.
Te daré fuerzas y te ayudaré;
te sostendré con mi mano derecha victoriosa.

<small>Isaías 41:10 ntv</small>

Señor, no me dejes solo;
tú eres mi fortaleza.
¡Ven pronto a ayudarme!

<small>Salmos 22:19 pdt</small>

El Señor protege a quienes le son leales…
Anímense y sean fuertes todos ustedes
que confían en el Señor.

Salmos 31:23-24 nbv

Así como le diste a David la fuerza para vencer a Goliat, por favor dame la fuerza para enfrentar cualquier cosa que te desafíe. Hay muchas fuerzas malignas y no soy lo suficientemente fuerte para derrotarlas. Pero tú eres más fuerte que todas ellas. No hay nada que pueda enfrentarse a ti, y has puesto tu fuerza en mí. Cuando me siento débil e insignificante, tú me tomas de la mano y me guías hacia la victoria. No me desanimaré, porque sé que eres fiel.

¿Qué te hace sentir fuerte?

Gozo

Que el Dios de la esperanza los llene de toda alegría y paz
a ustedes que creen en él, para que rebosen de esperanza
por el poder del Espíritu Santo.

<small>Romanos 15:13 nvi</small>

No estén tristes porque la alegría
en el SEÑOR es su fortaleza.

<small>Nehemías 8:10 pdt</small>

El Señor es mi fortaleza y mi escudo;
confío en él con todo mi corazón.
Me da su ayuda y mi corazón se llena de alegría;
prorrumpo en canciones de acción de gracias.

<small>Salmos 28:7 ntv</small>

Alégrense siempre en el Señor.
Insisto: ¡Alégrense!

<small>Filipenses 4:4 nvi</small>

Tu gozo es más que una mera felicidad, Señor, es un sustento eterno. El gozo que viene de ti me llena de paz, fuerza y gratitud. No es un momento de satisfacción pasajera, sino una fuerza duradera que me sostiene independientemente de cuáles sean mis circunstancias difíciles. Dios, estoy muy agradecida de que tu gozo no dependa de mi situación como lo hacen los placeres mundanos, sino que es un regalo que das libremente a aquellos que te temen y te siguen.

¿Cuál es un momento verdaderamente alegre que has tenido recientemente?

Gracia

Pues de Su plenitud todos hemos recibido,
y gracia sobre gracia.

Juan 1:16 nbla

Pero Él da mayor gracia. Por eso dice:
«Dios resiste a los soberbios,
pero da gracia a los humildes».

Santiago 4:6 nbla

El pecado ya no es más su amo, porque ustedes ya no viven
bajo las exigencias de la ley. En cambio, viven
en la libertad de la gracia de Dios.

Romanos 6:14 ntv

Pero a cada uno de nosotros se nos ha concedido la gracia
conforme a la medida del don de Cristo.

Efesios 4:7 nbla

Habiendo sido liberada de la esclavitud de la ley por tu gracia, ahora puedo obedecer tus mandamientos desde un corazón de amor y gratitud, en lugar de hacerlo como una obligación sin gozo de un siervo. Tu gracia es mi libertad. Con humildad, aceptaré tu gracia y te seguiré cada día de mi vida. Disfrutaré de nuestra amistad, aprenderé de tus enseñanzas, extenderé gracia a los demás y un día entraré en tu reino. Todo esto lo puedo hacer porque, por tu gracia, soy tu hija y no meramente una sierva.

¿Cómo se manifiesta la gracia de Dios en tu vida?

Gratitud

No he dejado de dar gracias por ustedes
al recordarlos en mis oraciones.

<small>EFESIOS 1:16 NVI</small>

Pero el dar gracias es un sacrificio
que verdaderamente me honra;
si permanecen en mi camino,
les daré a conocer la salvación de Dios.

<small>SALMOS 50:23 NTV</small>

Estén siempre alegres, oren sin cesar,
den gracias a Dios en toda situación, porque
esta es su voluntad para ustedes en Cristo Jesús.

<small>1 TESALONICENSES 5:16-18 NVI</small>

Entren por sus puertas con acción de gracias;
vengan a sus atrios con himnos de alabanza.
¡Denle gracias, alaben su nombre!

<small>SALMOS 100:4 NVI</small>

Dios mi Padre, gracias por tu amor y bondad hacia mí.
Gracias por el regalo de la familia y los amigos. Gracias
porque has sido fiel toda mi vida. Cuando estoy luchando
por ver algo bueno, solo es necesario dar un paso atrás y
encontrar las pequeñas cosas verdaderas para ver esos
destellos de gracia. Practicaré la gratitud hasta que sea tan
natural como respirar. Gracias por este mismo momento en el
que estoy. Gracias por la perspectiva. Gracias por el calor de
la luz del sol. Gracias porque, a pesar de las dificultades, aún
estás en el trono y sigues cuidando de mí.

¿Por qué puedes darle gracias a Dios
en este momento?

Guía

Encamíname en tu verdad y enséñame,
porque tú eres mi Dios y mi salvación.
¡En ti pongo mi esperanza todo el día!

<small>Salmos 25:5 NVI</small>

Bendeciré al Señor que me aconseja;
aun de noche me instruye. Me dice qué debo hacer.
Yo sé que el Señor continuamente está conmigo,
jamás tendré por qué tropezar y caer,
pues él está a mi lado.

<small>Salmos 16:7-8 NBV</small>

Podemos hacer nuestros planes,
pero el Señor determina nuestros pasos.

<small>Proverbios 16:9 NTV</small>

Porque todos los que son guiados por el Espíritu
de Dios son hijos de Dios.

<small>Romanos 8:14 NVI</small>

Dios, a veces me irrito cuando las cosas no salen como las planeo. Tú eres quien dirige mis pasos, y ese conocimiento me da una paz que supera las interrupciones. Tú determinas mi camino. Quiero ser guiada por tu Espíritu. Guíame en tus caminos y concédeme sabiduría para escuchar y aprender. No permitas que me quede tan atrapada en mis propios caminos que pierda de vista tu guía.

¿Hay algo en lo que Dios pueda ayudarte hoy con su guía?

Habilidad

«Te basta Mi gracia, pues Mi poder se perfecciona
en la debilidad».
Por tanto, con muchísimo gusto me gloriaré
más bien en mis debilidades,
para que el poder de Cristo more en mí.

2 Corintios 12:9 nbla

Y después que ustedes hayan sufrido por un poco de tiempo,
Dios mismo los restaurará, los hará fuertes, firmes,
y les dará seguridad.

1 Pedro 5:10 nbv

Por lo tanto, renueven las fuerzas de sus manos cansadas
y fortalezcan sus rodillas debilitadas.
Tracen un camino recto para sus pies,
a fin de que los débiles y los cojos no caigan,
sino que se fortalezcan.

Hebreos 12:12-13 ntv

No es que pensemos que estamos capacitados
para hacer algo por nuestra propia cuenta.
Nuestra aptitud proviene de Dios.

2 Corintios 3:5 ntv

A veces, Señor, cuestiono tu llamado en mi vida. Deseo
profundamente seguirte y hacer grandes cosas en tu nombre,
pero no confío en mi propia humanidad. Gracias por los
numerosos ejemplos en la Biblia de momentos en que elegiste
usar a hombres y mujeres débiles para llevar a cabo tu misión.
Gracias por los momentos en mi vida en los que me has usado
a pesar de mis defectos. Que sirvan como recordatorio de que
la verdadera fuerza solo se encuentra en ti. Gracias por tener
gracia con mis incapacidades y por concederme la habilidad
de proceder con lo que me has llamado a hacer.

¿Crees que Dios puede darte la habilidad
de hacer lo que Él te pide?

Identidad

Miren con cuánto amor nos ama nuestro Padre
que nos llama sus hijos, ¡y eso es lo que somos!
Pero la gente de este mundo
no reconoce que somos hijos de Dios,
porque no lo conocen a él. Queridos amigos,
ya somos hijos de Dios,
pero él todavía no nos ha mostrado lo que seremos
cuando Cristo venga; pero sí sabemos
que seremos como él,
porque lo veremos tal como él es.

1 Juan 3:1-2 ntv

Háganlo todo sin quejas ni contiendas, para que sean
intachables y puros, hijos de Dios sin culpa en medio de
una generación torcida y depravada. En ella ustedes brillan
como estrellas en el mundo, manteniendo en alto
la palabra de vida.

Filipenses 2:14-16 nvi

Con Cristo he sido crucificado, y ya no soy yo
el que vive, sino que Cristo vive en mí; y la vida
que ahora vivo en la carne, la vivo por la fe en el Hijo de Dios,
el cual me amó y se entregó a sí mismo por mí.

GÁLATAS 2:20 NBLA

Dios amoroso, gracias porque me has llamado tu hija. Recibo todos los beneficios de ser verdaderamente tuya, ¡eso es casi inconcebible! Oh, cuánto quiero ser más como tú. Gracias porque me estás transformando a tu imagen, incluso en las temporadas difíciles y secas. Cuando no sé nada más, recuerdo que me has llamado tu hija. No me llamaste conocida, sierva o pariente lejana. Padre, permite que mi corazón esté arraigado en esta relación cercana, sabiendo que tú cuidas de mí. Guíame y enséñame a ser como tú.

¿Quién crees que Dios realmente ve cuando te mira?

Inspiración

Los preceptos del Señor son rectos:
traen alegría al corazón. El mandamiento del Señor
es claro: da luz a los ojos.

Salmos 19:8 nvi

Tus leyes son mi tesoro;
son el deleite de mi corazón.

Salmos 119:111 ntv

La Escritura entera es inspirada por Dios y es útil
para enseñarnos, para reprendernos, para corregirnos
y para indicarnos cómo llevar una vida justa.

2 Timoteo 3:16 nbv

Padre, me inspiras con tu vida, tu Palabra y tu creación.
Cuando paso tiempo contigo, me siento inspirada a amarte
más profundamente. Leer las Escrituras me anima a seguir
adelante hacia mi objetivo de conocerte más. Dondequiera
que miro estoy rodeada de testimonios de tu belleza y
creatividad, lo que me hace querer buscar la verdad y
descubrir tus tesoros. Me inspiras a ver las cosas como tú
las ves. Incluso cuando los tiempos son difíciles, confío en
que tienes en mente una visión más amplia y que continúas
estando conmigo en todo.

¿Cómo encuentras inspiración?

Justicia

No romperá la caña que ya está quebrada,
ni va a apagar la mecha que apenas está encendida.
Él sí hará justicia.

Isaías 42:3 pdt

No busquemos vengarnos, amados míos.
Mejor dejemos que actúe la ira de Dios,
porque está escrito:
«Mía es la venganza, yo pagaré, dice el Señor».

Romanos 12:19 rvc

No juzgará según las apariencias, ni hará decisiones
basado en rumores. Sino que hará justicia a los pobres
y decidirá honestamente a favor
de los indefensos del país…
La justicia será su cinturón y la fidelidad
el ceñidor de sus caderas.

Isaías 11:3-5 pdt

No respondía cuando lo insultaban ni amenazaba
con vengarse cuando sufría.
Dejaba su causa en manos de Dios,
quien siempre juzga con justicia.

1 Pedro 2:23 ntv

*Las injusticias de este mundo pueden parecer abrumadoras
y anhelo tu justicia, Dios. Ayúdame a confiar en tu
omnisciencia y en tu justicia. Tú eres el Juez, no yo. Tu
justicia se ejecuta perfectamente, junto con tu misericordia.
La mía es imperfecta y sesgada. Puedo perdonar y seguir
adelante. En este día no buscaré venganza por mí misma,
sino que someteré todo a ti y seguiré tu ejemplo. Tú estás más
consciente que nadie de la condición del mundo, y tienes un
plan perfecto en marcha.*

¿Puedes dejar la justicia en las manos de Dios?

Liberación

Puse en el SEÑOR toda mi esperanza; él se inclinó hacia mí
y escuchó mi clamor. Me sacó de la fosa fatal,
del lodo y del pantano;
puso mis pies sobre una roca,
y me plantó en terreno firme.
Puse en mis labios un cántico nuevo, un himno de alabanza
a nuestro Dios. Al ver esto, muchos tuvieron miedo
y pusieron su confianza en el SEÑOR.

SALMOS 40:1-3 NVI

¡Humíllense ante el Señor, y él los exaltará!

SANTIAGO 4:10 RVC

Pero yo elevo a Ti mi oración, oh Señor,
en tiempo propicio;
Oh Dios, en la grandeza de Tu misericordia,
Respóndeme con Tu verdad salvadora.
Sácame del cieno y no dejes que me hunda;
Sea yo librado de los que me odian,
y de lo profundo de las aguas.

Respóndeme, oh Señor, pues buena es Tu misericordia;
Vuélvete a mí, conforme a Tu inmensa compasión.

Salmos 69:13-14, 16 nbla

Dios, no prometiste que estaría libre de desgracias. De hecho, tu Palabra revela que está garantizado que una persona justa encuentre problemas. Tu promesa para mí es que saldrás a mi rescate y me librarás. Por favor, líbrame de mis temores hoy. No estoy pidiendo una vida fácil ni que elimines todos los problemas de mi camino, sino que me des confianza al saber que no hay prueba tan grande de la que no me librarás.

¿Puedes pedirle a Dios que te libere de tus temores?

Libertad

Ahora bien, el Señor es el Espíritu,
y donde está el Espíritu del Señor,
allí hay libertad.

2 CORINTIOS 3:17 NVI

Les hablo así, hermanos, porque ustedes
han sido llamados a ser libres;
pero no se valgan de esa libertad
para dar rienda suelta a sus pasiones.
Más bien sírvanse unos a otros con amor.

GÁLATAS 5:13 NVI

Así que, si el Hijo los hace libres,
ustedes son verdaderamente libres.

JUAN 8:36 NTV

¡Cristo nos libertó para que vivamos en libertad!
¡Cuiden esa libertad y no se dejen someter de nuevo
al yugo de la esclavitud!

GÁLATAS 5:1 NBV

Dios, vivo en libertad porque he aceptado tu perdón. Quiero usar esta libertad para ayudar a otros que todavía están atrapados en la esclavitud. Quiero que entiendan que no es por mérito propio que camino en libertad, sino solo por tu gracia. El perdón que he recibido me impulsa a hacer el bien, no con la idea de que alguna vez podría ganar o devolver tu bondad, sino como una manifestación de la gratitud que siento cada día mientras camino en libertad.

¿Cómo te sientes al estar libre de tu pecado?

Oración

Por la mañana, Señor, escuchas mi clamor;
por la mañana te presento mis ruegos
y quedo a la espera de tu respuesta.

Salmos 5:3 nvi

Oren sin cesar.

1 Tesalonicenses 5:17 nvi

El Señor se aleja de los perversos,
pero está atento a las oraciones de los justos.

Proverbios 15:29 nvi

Pero tú, cuando ores, apártate a solas, cierra la puerta
detrás de ti y ora a tu Padre en privado. Entonces,
tu Padre, quien todo lo ve, te recompensará.

Mateo 6:6 ntv

Me encanta acercarme a ti en oración, Padre. Me asombra que puedo hablar contigo y que tú escuchas. Por favor, escucha mis oraciones hoy mientras reconozco tu grandeza, agradezco tus bendiciones y te pido tu ayuda. A través de la oración puedo adorarte. A través de la oración puedo reconocer las poderosas cosas que has hecho en mi vida. A través de la oración puedo traerte todos mis temores, mis lágrimas, mis arrepentimientos y mis peticiones. Nunca quiero dejar de orar, Dios.

¿Por qué cosas puedes orar
en este momento?

Paciencia

Hermanos, les rogamos que amonesten a los perezosos.
Alienten a los tímidos. Cuiden con ternura a los débiles.
Sean pacientes con todos.

1 Tesalonicenses 5:14 ntv

Más bien, sigan el ejemplo de los que reciben
las promesas de Dios porque tienen fe y paciencia.

Hebreos 6:12 pdt

Siempre humildes y amables, pacientes,
tolerantes unos con otros en amor.

Efesios 4:2 nvi

El que es paciente muestra gran inteligencia;
el que es agresivo muestra mucha insensatez.

Proverbios 14:29 nvi

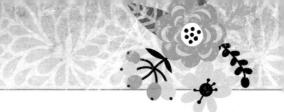

La paciencia puede enseñarme muchas cosas, Dios. De hecho, tú me dices que recibo tus promesas por medio de mi fe y a través de la paciencia. Por otro lado, cuando actúo con ira apresurada y me enojo fácilmente, muestro a todos que soy necia. No puedo ver lo que tú ves, y no siempre entiendo lo que las personas están atravesando. Es mejor escuchar lo que has dicho y tener paciencia con todos. Ayúdame también a ser paciente con las situaciones que no van como yo quisiera. Sé que sacarás algo bueno de cada situación porque confío en ti.

¿Cómo puedes mostrar más paciencia en tu vida?

Paz

Yo les he dicho estas cosas para que en mí hallen paz.
En este mundo afrontarán aflicciones, pero ¡anímense!
Yo he vencido al mundo.

<small>Juan 16:33 nvi</small>

El Señor le da fuerza a su pueblo;
el Señor lo bendice con paz.

<small>Salmos 29:11 ntv</small>

Que el Señor de paz les conceda su paz siempre
y en todas las circunstancias.
El Señor sea con todos ustedes.

<small>2 Tesalonicenses 3:16 nvi</small>

Les dejo un regalo: paz en la mente y en el corazón.
Y la paz que yo doy es un regalo que el mundo no puede dar.
Así que no se angustien ni tengan miedo.

<small>Juan 14:27 ntv</small>

Padre, en un mundo lleno de agitación e incertidumbre,
tú ofreces paz. Esta paz verdadera y prevaleciente solo
se puede encontrar en ti. El mundo no la posee ni puede
ofrecerla. No puedo ganarla ni aprenderla. Es un regalo y
solo puedo decidir recibirla. Tu paz es mucho mayor que las
tribulaciones del mundo, porque tú eres mucho mayor que el
mundo. Gracias por dejarme tu paz para que ya no tenga que
vivir con miedo o confusión.

¿Cómo es la paz para ti?

Pérdida

Los que siembran con lágrimas cosecharán con alegría.

Salmos 126:5 nbv

Pero ahora te pido que me consueles con tu fiel amor,
tal como me lo prometiste.

Salmos 119:76 pdt

Se levantarán todos los valles y se allanarán
todas las montañas y colinas; el terreno escabroso
se nivelará y se alisarán las quebradas.

Isaías 40:4 nvi

Ten piedad de mí, oh Señor, porque estoy en angustia;
Se consumen de sufrir mis ojos,
mi alma y mis entrañas…
Y yo alarmado, decía: «¡Cortado soy de delante de Tus ojos!».
Sin embargo, Tú oíste la voz de mis súplicas
cuando a Ti clamaba.

Salmos 31:9, 22 nbla

Dios, en mi vida he soportado tiempos de inmensa pérdida, pero ahí no termina mi historia. Tú no me dejas en el valle. Me levantaré de nuevo y, apoyándome en ti, haré mi camino hacia la cima de la montaña. Es empinada y tropiezo a veces, pero sé que no puedo quedarme en el vacío de la pérdida para siempre. Hay demasiado que quieres darme para que me fije en lo que se ha perdido. Tú eres mi valía, el que llena mi copa vacía.

¿Le pides ayuda a Dios cuando necesitas su consuelo?

Perdón

Dios es tan rico en gracia y bondad
que compró nuestra libertad
con la sangre de su Hijo y perdonó nuestros pecados.

<small>Efesios 1:7 ntv</small>

Como está de lejos el oriente del occidente,
así alejó de nosotros nuestras transgresiones.

<small>Salmos 103:12 nbla</small>

Si confesamos nuestros pecados,
él es fiel y justo para perdonar
nuestros pecados y limpiarnos de toda maldad.

<small>1 Juan 1:9 rvc</small>

Te digo que sus pecados—que son muchos—
han sido perdonados,
por eso ella me demostró tanto amor;
pero una persona a quien
se le perdona poco demuestra poco amor.

<small>Lucas 7:47 ntv</small>

Porque si perdonan a otros sus ofensas, también
los perdonará a ustedes su Padre celestial.

MATEO 6:14 NVI

*Padre, te pido que me ayudes a perdonar a aquellos que me
han hecho daño. No se trata de si merecen o no el perdón;
quiero mostrarlo porque yo también era culpable y tú me
perdonaste. Mi objetivo es ser como tú. Por favor, guíame en el
proceso de soltar mi deseo de justicia, sabiendo que tú eres un
Dios justo y amoroso. Entiendes cada situación mucho mejor
que yo, y puedo confiar en ti para hacer las cosas correctas.
Gracias por no tener en cuenta mis pecados. Tu perdón me
permite perdonar a los demás.*

¿Hay alguien que necesite tu perdón hoy?

Perseverancia

¿No saben que en una carrera todos los corredores
compiten, pero solo uno obtiene el premio?
Corran, pues, de tal modo que lo obtengan.

1 Corintios 9:24-25 NVI

Me esforcé tanto por encontrarte;
no permitas que me aleje de tus mandatos.

Salmos 119:10 NTV

He peleado bien, he terminado la carrera
y no he perdido la fe.

2 Timoteo 4:7 PDT

No nos cansemos de hacer el bien,
porque a su debido tiempo cosecharemos
si no nos damos por vencidos.

Gálatas 6:9 NVI

Dios, cuando los brazos de Moisés estaban cansados, tú enviaste a otros para sostenerlos. A través de su obediencia le otorgaste la victoria al ejército. A veces me siento realmente exhausta, pero sé que tú me sostienes y me ayudas a perseverar. Has enviado a otros para ayudarme y sé que no necesito luchar sola. Hacer el bien a menudo requiere el camino más difícil, pero es el camino que estoy decidida a seguir. Perseveraré en esta carrera porque encuentro mi descanso y mi renovación en ti. Con fe, correré y no perderé el ánimo.

¿En qué sentido Dios te llama
a perseverar en este momento?

Plenitud

Él tomará nuestro débil cuerpo mortal y lo transformará
en un cuerpo glorioso, igual al de él. Lo hará valiéndose
del mismo poder con el que pondrá todas las cosas
bajo su dominio.

Filipenses 3:21 ntv

En cambio, para ustedes, los que respetan mi nombre,
brillará el sol de la justicia que los sanará con su calor.

Malaquías 4:2 pdt

Alabemos al Dios y Padre de nuestro Señor Jesucristo,
que nos ha hecho nacer de nuevo, y nos ha dado una vida
con esperanza. Esto lo ha hecho Dios por su gran amor
hacia nosotros y por el poder que mostró
cuando resucitó a Jesucristo de entre los muertos
y de que nos dará todo lo que nos ha prometido
y que tiene guardado en el cielo. Lo que nos ha prometido
no puede destruirse ni mancharse,
ni marchitarse. Ustedes confían
en Dios, y por eso él los protege con su poder,

para que puedan ser salvados
tal y como está planeado para los últimos tiempos.

1 PEDRO 1:3-5 TLA

Dios, mi cuerpo se va deteriorando y lo reconozco cada día.
Gracias porque mi esperanza no está en mí misma, ni en mi
cuerpo mortal. Gracias porque tú das sanidad y plenitud.
Tu misericordia me concede una nueva vida, y un día
renaceré. Esta vida y todos sus esplendores se descompondrán
y perecerán, pero con la nueva vida que tú ofreces
experimentaré lo que es estar verdaderamente completa. Esta
es la realidad que permanecerá para siempre.

¿Cómo te beneficia en esta vida entender la plenitud eterna?

Preocupación

Entrégale tus afanes al Señor y él te sostendrá;
no permitirá que el justo caiga
y quede abatido para siempre.

Salmos 55:22 nvi

¿Quién de ustedes, por mucho que se preocupe,
puede añadir una sola hora al curso de su vida?

Lucas 12:25 nvi

La preocupación agobia a la persona;
una palabra de aliento la anima.

Proverbios 12:25 ntv

No se preocupen por nada, más bien pídanle al Señor
lo que necesiten y agradézcanle siempre. La paz de Dios
hará guardia sobre todos sus pensamientos y
sentimientos porque ustedes pertenecen a Jesucristo.

Filipenses 4:6-7 pdt

Dios, sabes cuán fácilmente las preocupaciones pueden apoderarse de mi mente. Sabes cuán abrumado puede estar mi corazón al pensar en todo lo que podría salir mal. No quiero estar agobiada por la preocupación; ¡te lo entrego a ti, Dios! Estoy tomando la energía que tengo y, con gratitud, pido todo lo que necesito. Cuando la preocupación amenace con apagar mi gratitud y distorsionar mi visión de la vida, guíame cuidadosamente y te las entregaré. Gracias por mantenerme fielmente en marcha. Confío en tu provisión en estas áreas.

¿Qué preocupaciones puedes entregar a Dios hoy?

Promesas

Pues su divino poder nos ha concedido todo cuanto
concierne a la vida y a la piedad,
mediante el verdadero conocimiento
de aquel que nos llamó por su gloria y excelencia.

2 Pedro 1:3 nbla

Tus promesas han superado muchas pruebas,
por eso tu siervo las ama… Mis ojos están abiertos
en las vigilias de la noche, para meditar en tus promesas.

Salmos 119:140, 148 nvi

El Señor siempre cumple sus promesas;
es bondadoso en todo lo que hace.

Salmos 145:13 ntv

Porque todas las promesas de Dios en él son «Sí».
Por eso, por medio de él también nosotros decimos
«Amén», para la gloria de Dios.

2 Corintios 1:20 rvc

Si no fuera por tus promesas, sería demasiado débil para soportar hasta el final. Tú ofreces fortaleza a través de tus promesas de ayuda y restauración para el camino. Brindas alivio del dolor y una eternidad contigo al final. No requieres obediencia ciega, sino que tienes una historia de promesas cumplidas que se remonta a los inicios de la historia. Además, has revelado tus promesas para el fin de los tiempos, y no las has ocultado de mí. Solo necesito confiar en ti y en tus promesas.

¿Qué promesas de Dios te ayudan a ver
la esperanza en tu situación actual?

Propósito

Ya que han resucitado con Cristo,
busquen las cosas de arriba, donde está Cristo
sentado a la derecha de Dios.

<small>Colosenses 3:1 NVI</small>

Ahora bien, sabemos que Dios dispone todas las cosas
para el bien de quienes lo aman, los que han sido
llamados de acuerdo con su propósito.

<small>Romanos 8:28 NVI</small>

Hijo mío, presta atención a lo que te digo
y escucha atentamente mis palabras.
No las pierdas de vista, tenlas siempre presente.

<small>Proverbios 4:20-21 PDT</small>

Pues Dios es quien produce en ustedes tanto el querer
como el hacer para que se cumpla su buena voluntad.

<small>Filipenses 2:13 NVI</small>

*Me asombra y me humillo cuando pienso en que me creaste
para un propósito especial dentro de tu plan universal.
Gracias por la oportunidad de seguirte y servirte, de
cumplir el propósito que has puesto en mi vida. Gracias por
levantarme con Cristo, de la muerte a la vida, para un papel
en tu reino. Busco tu rostro para que continúes cumpliendo
tu propósito en mí a pesar de los obstáculos que enfrento y las
dificultades que aparecen en el camino. Tu plan perfecto no
se ve frustrado por contratiempos terrenales.*

¿Cómo te sientes cuando piensas
en que Dios tiene un propósito especial
para tu vida?

Protección

Dios es mi refugio, él me protege; es mi escudo,
me salva con su poder. Él es mi escondite más alto,
mi protector y Salvador. ¡Tú me salvas de la violencia!

2 Samuel 22:3 pdt

El Señor te libra de todo mal y cuida tu vida.
El Señor te protege al entrar y al salir,
ahora y para siempre.

Salmos 121:7-8 ntv

Bueno es el Señor; es refugio en el día de la angustia
y conoce a los que en él confían.

Nahum 1:7 nvi

Nos vemos atribulados en todo, pero no abatidos;
perplejos, pero no desesperados; perseguidos,
pero no abandonados; derribados, pero no destruidos.

2 Corintios 4:8-9 nvi

Dios, no hay fuerza tan poderosa como tú. Sé que puedo entregarme a tus manos cuidadosas y capaces. No necesito angustiarme por la autoprotección porque, si tú estás conmigo, nada puede estar contra mí. Eres el Dios de lo milagroso y siempre has protegido a tus hijos. No hay nada de lo que deba tener miedo. Tu protección me cubre de todo mal, y confío en ti para eso ahora.

¿Cuánto te cuesta dejar de lado tu plan de
batalla y permitir que Dios sea
tu protector?

Provisión

Toda Escritura es inspirada por Dios y útil para enseñar,
para reprender, para corregir, para instruir en justicia,
a fin de que el hombre de Dios sea perfecto,
equipado para toda buena obra.

2 TIMOTEO 3:16-17 NBLA

Que él les dé el poder para llevar a cabo todas
las cosas buenas que la fe los mueve a hacer.

2 TESALONICENSES 1:11 NTV

Porque somos hechura de Dios, creados en Cristo Jesús
para buenas obras, las cuales Dios dispuso de antemano
a fin de que las pongamos en práctica.

EFESIOS 2:10 NVI

Busquen el reino de Dios por encima de todo lo demás,
y él les dará todo lo que necesiten. Así que no se preocupe,
pequeño rebaño. Pues al Padre le da mucha felicidad
entregarles el reino.

LUCAS 12:31-32 NTV

*Dios, no hay nada a lo que me hayas llamado para lo
que no me proveas también. A veces, la tarea de seguirte
puede parecer demasiado difícil y siento carencias en áreas
cruciales; sin embargo, entonces recuerdo tus promesas
de proveer todo lo que necesito para seguirte. Tu provisión
perfecta incluye la sabiduría, la compasión y los recursos
necesarios para el llamado que has puesto en mi vida.
Gracias por la certeza de que continuarás proveyendo para mí
en medio de las temporadas difíciles. Confío en ti, Dios.*

¿Cómo has visto a Dios proveer
para ti últimamente?

Recompensa

Trabajen de buena gana en todo lo que hagan,
como si fuera para el Señor y no para la gente.
Recuerden que el Señor los recompensará con una herencia
y que el Amo a quien sirven es Cristo.

Colosenses 3:23-24 ntv

Ustedes, por el contrario, amen a sus enemigos,
háganles bien y denles prestado sin esperar nada
a cambio. Así tendrán una gran recompensa
y serán hijos del Altísimo, porque él es bondadoso
con los ingratos y malvados.

Lucas 6:35 nvi

Pero, aun si sufren por hacer lo correcto,
Dios va a recompensarlos.

1 Pedro 3:14 ntv

En realidad, sin fe es imposible agradar a Dios,
ya que cualquiera que se acerca a Dios tiene que creer
que él existe y que recompensa a quienes lo buscan.

Hebreos 11:6 nvi

Dios, tu Palabra dice que eres bueno con las personas, incluso cuando son ingratas y malvadas. Ayúdame a ser como tú, incluso cuando mis esfuerzos diligentes parecen pasar desapercibidos o no son apreciados. Tú incluso prometes recompensar mi diligencia y mi fe. Cuando los compañeros de trabajo, la familia, los amigos o las situaciones de la vida son difíciles, puedo recordar que realmente te estoy sirviendo a ti. Cuando todo mi arduo trabajo no es reconocido, recuerdo que tú eres mi recompensa.

¿Cómo te hace sentir saber que Dios
te recompensará por tu diligencia?

Reconciliación

Dios nos hace justos a sus ojos cuando ponemos nuestra fe
en Jesucristo. Y eso es verdad para todo
el que cree, sea quien fuere.
Pues todos hemos pecado; nadie puede alcanzar la meta
gloriosa establecida por Dios. Sin embargo, en su gracia, Dios
gratuitamente nos hace justos a sus ojos por medio de Cristo
Jesús, quien nos liberó del castigo de nuestros pecados.

ROMANOS 3:23-24 NTV

Recuerden que en ese entonces ustedes estaban
separados de Cristo, excluidos de la ciudadanía de Israel
y ajenos a los pactos de la promesa, sin esperanza y sin
Dios en el mundo. Pero ahora en Cristo Jesús,
a ustedes que antes estaban lejos, Dios
los ha acercado mediante la sangre de Cristo.

EFESIOS 2:12-13 NVI

Así que hemos dejado de evaluar a otros
desde el punto de vista humano.
En un tiempo, pensábamos de Cristo solo
desde un punto de vista humano.

¡Qué tan diferente lo conocemos ahora! Esto significa
que todo el que pertenece a Cristo se ha convertido
en una persona nueva.
La vida antigua ha pasado; ¡una nueva vida ha
comenzado! Y todo esto es un regalo de Dios,
quien nos trajo de vuelta a sí mismo por medio de Cristo.
Y Dios nos ha dado la tarea de reconciliar a la gente con él.

2 CORINTIOS 5:16-18 NTV

*Padre, mi pecado solía separarme de ti, pero reconciliaste
nuestra relación rota al pagar el precio por mi pecado y
rescatarme de las garras de la muerte. Me has hecho una
nueva criatura, y esta reconciliación completa me ha
asegurado un lugar en tu familia. Quiero desempeñar un
papel integral en las vidas de los demás y ayudarles también
a reconciliar sus relaciones contigo. Muéstrame cómo puedo
hacer eso, especialmente en medio de circunstancias difíciles.*

¿Puedes confiar en Dios para la reconciliación en tus relaciones?

Relajación

Bendito el hombre que confía en el Señor
y pone su confianza en él. Será como un árbol
plantado junto al agua que extiende sus raíces
hacia la corriente;
no teme que llegue el calor y sus hojas
están siempre verdes.
En época de sequía no se angustia
y nunca deja de dar fruto.

Jeremías 17:7-8 nvi

Porque en mí ha puesto su amor, yo entonces lo libraré;
lo exaltaré, porque ha conocido mi nombre. Me invocará,
y le responderé; yo estaré con él en la angustia;
lo rescataré y lo honraré.

Salmos 91:14-15 nbla

Padre, a veces me resulta difícil relajarme y desconectar. La vida parece muy agitada y lucho por encontrar tiempo libre para estar contigo y disfrutar de tu compañía en paz. Aunque prometes descanso para los cansados, a menudo paso por alto tu oferta e intento encontrar mi propio camino en este laberinto llamado vida. Por favor, recuérdame confiar en ti y creer que cuidarás de mí. Ayúdame a buscarte primero para obtener el descanso que mi cuerpo necesita, y a hacer de esto una prioridad en mi vida.

¿Cómo puedes practicar la relajación en la presencia de Dios?

Restauración

Pues Dios nos salvó y nos llamó a una vida santa,
no por nuestras propias obras,
sino por su propia determinación y gracia.

2 TIMOTEO 1:9 NVI

Bendito sea el Señor, Dios de Israel,
porque ha venido a ayudar a su pueblo y a liberarlo.
Nos ha dado un Salvador poderoso.

LUCAS 1:68-69 PDT

Así que, amados hermanos, podemos entrar con valentía
en el Lugar Santísimo del cielo por causa
de la sangre de Jesús.
Por su muerte, Jesús abrió un nuevo camino—un camino
que da vida—a través de la cortina al Lugar Santísimo.
Ya que tenemos un gran Sumo Sacerdote
que gobierna la casa de Dios,
entremos directamente a la presencia de Dios
con corazón sincero y con plena confianza en él.

HEBREOS 10:19-22 NTV

Jesús, desde que pagaste por mis pecados con tu propia vida, mi vida ha sido restaurada. Me salvaste porque no podía salvarme a mí misma. Tomaste lo que estaba muerto y me llenaste de gozo, paz, amor, propósito y valentía. Los poderes restauradores de tu gracia me han liberado para acercarme a ti y entrar en tu Lugar Santo, al cual antes nunca me atrevería a entrar porque estaba manchada de pecado. Gracias por restaurar mi vida e invitarme a tu presencia.

¿Has experimentado el poder
de la restauración en tu vida?

Sabiduría

Porque la sabiduría entrará en tu corazón,
y el conocimiento será grato a tu alma;
la discreción velará sobre ti, el entendimiento te protegerá,
para librarte de la senda del mal,
del hombre que habla cosas perversas.

Proverbios 2:10-12 nbla

La sabiduría y el dinero abren casi todas las puertas,
pero solo la sabiduría puede salvarte la vida.

Eclesiastés 7:12 ntv

Si a alguno de ustedes le falta sabiduría, pídasela a Dios
y él se la dará, pues Dios da a todos generosamente
sin menospreciar a nadie.

Santiago 1:5 nvi

Hermanos, estoy seguro de que ustedes están llenos de
buena voluntad y tienen todo el conocimiento necesario
para poder aconsejarse unos a otros.

Romanos 15:14 pdt

La sabiduría que viene de ti me protegerá de seguir caprichos e ideas necias. Cuando otros me tienden trampas e intentan hacerme caer, la sabiduría me salvará de las redes. Tu sabiduría es muy superior al conocimiento o al dinero, porque es una comprensión verdadera que tú me has dado. Si alguna vez necesito sabiduría, tú me la das libremente cuando te la pido. Por favor, continúa ayudándome a tomar decisiones sabias mientras te sigo a través de pruebas y dificultades.

¿Cómo puedes usar la sabiduría de Dios para tomar mejores decisiones?

Salud

El mundo se acaba con sus malos deseos,
pero el que hace la voluntad de Dios
permanece para siempre.

1 Juan 2:17 nvi

No seas sabio en tu propia opinión;
más bien, teme al Señor y huye del mal.
Esto infundirá salud a tu cuerpo
y fortalecerá tus huesos.

Proverbios 3:7-8 nvi

Jamás olvidaré tus mandamientos,
pues por medio de ellos me diste vida.

Salmos 119:93 ntv

La alegría es como una buena medicina,
pero el desánimo es como una enfermedad.

Proverbios 17:22 pdt

Eres un diseñador magistral, Dios, y creaste nuestros cuerpos para necesitarte a fin de prosperar verdaderamente. Tu Palabra dice que respetarte y obedecer tus mandamientos me ayudará a experimentar salud y fortaleza. Una disposición alegre no solo me eleva emocionalmente, sino que también trae bienestar a mi cuerpo físico. Gracias, Señor, por las maneras en que me has provisto tanto físicamente como emocionalmente. Gracias por la alegría y la salud que me has dado. Gracias porque sé que al final todo será hecho nuevo.

¿Qué sanidad estás creyendo
que Dios hará en este momento?

Salvación

Pues Dios amó tanto al mundo que dio a
su único Hijo, para que todo el que crea en él no se pierda,
sino que tenga vida eterna.

JUAN 3:16 NTV

Porque la paga del pecado es muerte,
mientras que el regalo de Dios es vida eterna
en Cristo Jesús, nuestro Señor.

ROMANOS 6:23 NVI

Porque por gracia ustedes han sido salvados
mediante la fe.
Esto no procede de ustedes,
sino que es el regalo de Dios.

EFESIOS 2:8 NVI

Si declaras abiertamente que Jesús es el Señor
y crees en tu corazón que Dios lo levantó
de los muertos, serás salvo.

ROMANOS 10:9 NTV

Hubo un tiempo en que no tenía esperanza para el futuro porque había pecado y no podía acercarme a ti. No calificaba para entrar a tu reino, porque era imperfecta y no podía llevar mi suciedad a tu presencia. La oscuridad no se acerca a la luz. Tú me viste en el estado miserable en el que estaba, me amaste y me ofreciste la salvación pagando por mis pecados tú mismo. ¡Tu salvación es el regalo más grande que he recibido jamás! ¡Gracias!

¿Cómo respondes al mensaje de salvación?

Seguridad

Tú, Señor, eres el refugio de los pobres;
eres su amparo en momentos de angustia.
En ti confían los que conocen tu nombre,
porque tú, Señor, proteges a los que te buscan.

SALMOS 9:9-10 RVC

Desde los lejanos rincones de la tierra te llamo,
pues estoy angustiado. Llévame a la roca que es más alta
de lo que puedo alcanzar, donde quede yo a salvo.
Tú eres mi refugio, la torre fuerte que me protege
de mis enemigos.

SALMOS 61:2-3 PDT

No le temas a la gente, porque yo estaré
protegiéndote. Es la decisión del Señor.

JEREMÍAS 1:8 PDT

Mira bien a mi derecha: ¡nadie me presta atención!
¡No hay nadie que me proteja! ¡A nadie le importo!
Dios mío, a ti te ruego y te digo: «¡Tú eres mi refugio!
¡En este mundo tú eres todo lo que tengo!».

SALMOS 142:4-5 TLA

El miedo no tiene voz junto a ti, Padre. Sé que, cuando estoy contigo, estoy a salvo. Tú me proteges de mis enemigos y me aseguras que nunca estoy sola. En tiempos de problemas estás ahí cuidándome. Cuando no hay nadie más alrededor para ayudarme, tú estás a mi lado listo para guiarme. Gracias por mantenerme siempre segura y cerca de ti.

¿Te sientes segura cuando piensas en que Dios está cerca de ti?

Soledad

Y enséñenles a obedecer todo lo que yo les he mandado.
Tengan presente que yo estaré con ustedes
todos los días hasta el fin del mundo.

MATEO 28:20 PDT

El SEÑOR está cerca de todos los que lo invocan,
sí, de todos los que lo invocan de verdad.

SALMOS 145:18 NTV

Aunque mi padre y mi madre me abandonen,
el SEÑOR me mantendrá cerca.

SALMOS 27:10 NTV

Sean fuertes y valientes. No teman
ni se asusten ante esas naciones, pues el SEÑOR
su Dios siempre los acompañará;
nunca los dejará ni los abandonará.

DEUTERONOMIO 31:6 NVI

No hay lugar donde pueda ir que tú no vayas conmigo.
Prometes estar siempre cerca de mí y responder cuando clame
a ti. Incluso si mis propios padres o mis amigos más cercanos
me abandonaran, tú nunca lo harás. Has roto la opresión
que la soledad tenía sobre mi vida, y te has convertido en
mi mejor amigo. Gracias por rodearme con tu presencia
y caminar conmigo en todas mis pruebas y fracasos. Tu
constante cercanía me produce un gran consuelo.

Cuando te sientes sola, ¿puedes acudir
a Dios y pedirle que te rodee
con su presencia?

Temor

Pues Dios no nos ha dado un espíritu de timidez,
sino de poder, de amor y de dominio propio.

2 Timoteo 1:7 nvi

El Señor es mi luz y mi salvación; ¿a quién temeré?
El Señor es el baluarte de mi vida;
¿quién me asustará?

Salmos 27:1 nvi

Así que podemos decir con toda confianza:
«El Señor es quien me ayuda, por tanto, no temeré.
¿Qué me puede hacer un simple mortal?».

Hebreos 13:6 ntv

Pero cuando tenga miedo, pondré mi confianza en ti.
Oh Dios, alabo tu palabra. Confío en Dios
¿por qué temeré?
¿Qué podrá hacerme un simple mortal?

Salmos 56:3-4 nbv

El daño que las personas y las situaciones pueden infligirme es muy limitado porque, Dios, tú sostienes mi corazón. Tú eres mi luz, mi salvación y la fortaleza de mi vida. Tú eres mi ayudador, y me das la confianza para superar mis miedos. Tú conoces cada uno de mis miedos, incluso los más ocultos, y me darás la tenacidad para enfrentarlos con poder y amor.

¿Qué miedos puedes entregarle a Dios
en este momento?

Tristeza

Los que con lágrimas sembraron,
con gritos de alegría cosecharán.

Salmos 126:5 pdt

Ahora, que tu gran amor me consuele,
tal como lo prometiste a tu siervo.

Salmos 119:76 nbv

Vengan a mí los que estén cansados y afligidos y yo
los haré descansar. Lleven mi yugo y aprendan de mí,
que soy manso y de corazón humilde.
Así hallarán descanso para el alma.

Mateo 11:28-29 nvi

¡Rellenen los valles y nivelen las colinas,
enderecen las sendas torcidas y allanen
los sitios ásperos del camino!

Isaías 40:4 nvi

He experimentado momentos de gran tristeza, pero siempre has sido fiel para atravesarlos conmigo. No eres ajeno al dolor, Padre, y me consuelas como nadie más puede hacerlo. Además, has vencido al dolor. Es temporal y tú eres eterno. Vendrá un día en que el sufrimiento terminará y no habrá más lágrimas. Hasta que llegue ese día, por favor continúa consolándome y permíteme apoyarme en ti para obtener fortaleza.

¿Le pides a Dios ayuda cuando
necesitas su consuelo?

Valentía

Por último, fortalézcanse con el gran poder del Señor.
Pónganse toda la armadura de Dios para que puedan
hacer frente a las artimañas del diablo.

<small>EFESIOS 6:10-11 NVI</small>

Manténganse alerta y sigan firmes en la fe.
Sean valientes y fuertes.
Y todo lo que hagan, háganlo con amor.

<small>1 CORINTIOS 16:13-14 PDT</small>

Aun si voy por valles tenebrosos, no temeré
ningún mal porque tú estás a mi lado;
tu vara y tu bastón me reconfortan.

<small>SALMOS 23:4 NVI</small>

Mi mandato es: «¡Sé fuerte y valiente! No tengas miedo
ni te desanimes, porque el SEÑOR tu Dios está contigo
dondequiera que vayas».

<small>JOSUÉ 1:9 NTV</small>

Te acercaste cuando te llamé y me dijiste:
«No tengas miedo».

LAMENTACIONES 3:57 PDT

Dondequiera que vaya, Padre, prometes que estarás allí. Eso significa que, sin importar lo que enfrente, no lo enfrentaré sola porque tú siempre estás conmigo. Por favor, concédeme valentía para atravesar todo lo que llegue a mi camino, sabiendo que ya me has equipado con todo lo que necesito para vivir una vida de piedad y fe inquebrantable.

¿Cuándo fue la última vez que le pediste a Dios valentía?

Verdad

Pero cuando venga el Espíritu de la verdad,
él los guiará a toda la verdad.

Juan 16:13 nvi

La esencia misma de tus palabras es verdad;
tus justas ordenanzas permanecerán para siempre.

Salmos 119:160 ntv

«Si ustedes permanecen en mi palabra,
serán verdaderamente mis discípulos;
y conocerán la verdad, y la verdad los hará libres».

Juan 8:31-32 rvc

Enséñame, oh Señor, Tu camino; andaré en Tu verdad;
unifica mi corazón para que tema tu nombre.

Salmos 86:11 nbla

Al contrario, el amor debe hacernos decir siempre
la verdad, para que en todo lo que hagamos
nos parezcamos cada vez más a Cristo,
que es quien gobierna la iglesia.

EFESIOS 4:15 TLA

Dios, tú eres el Espíritu de la verdad, y si soy tu hija, entonces
también soy una hija de la verdad. Cuando me enfrente a la
tentación de ser deshonesta, recordaré que es por tu verdad que
soy liberada. Ayúdame a vivir con honestidad en la luz. Oro
para que aprenda a temerte más a ti que a las consecuencias
de decir la verdad. Tu verdad suprema siempre reinará y quiero
caminar de la misma manera que tú lo haces.

¿Qué pasos puedes tomar para ser más honesta en tu vida cotidiana?

Victoria

Se alista al caballo para el día de la batalla,
pero la victoria depende del Señor.

Proverbios 21:31 nvi

Pues todo hijo de Dios vence a este mundo de maldad,
y logramos esa victoria por medio de nuestra fe.

1 Juan 5:4 ntv

Y digan a los tímidos: «¡Anímense, no tengan miedo!
Dios vendrá a salvarlos, y a castigar a sus enemigos».

Isaías 35:4 tla

Porque el Señor tu Dios está contigo; él peleará en favor
tuyo y te dará la victoria sobre tus enemigos.

Deuteronomio 20:4 nvi

Como un líder poderoso y un Dios omnipotente, ya me has prometido la victoria sobre la muerte. El final de mi historia concluye en triunfo y una vida eterna contigo. Has vencido al mundo y, por lo tanto, yo lo venzo teniendo fe en ti. Mientras enfrento las batallas presentes cada día, puedo tener confianza sabiendo que tú vas conmigo y me ayudarás a salir victoriosa. El poder para vencer se encuentra solo en ti.

¡Eres victoriosa con Jesús en tu vida!
¿Puedes pensar en la última victoria
que experimentaste?

Vida

Que toda la alabanza sea para Dios,
el Padre de nuestro Señor Jesucristo.
Es por su gran misericordia que hemos nacido de nuevo,
porque Dios levantó a Jesucristo de los muertos.
Ahora vivimos con gran expectación.

1 Pedro 1:3 ntv

Esperamos la vida eterna que Dios, que no puede mentir,
prometió desde antes de la creación del mundo.

Tito 1:2 nbv

Yo soy el camino, la verdad y la vida —contestó Jesús—.
Nadie llega al Padre sino por mí.

Juan 14:6 nvi

La Palabra le dio vida a todo lo creado,
y su vida trajo luz a todos.

Juan 1:4 ntv